내사랑 디오니자베

백명식 글·그림

강화에서 태어나 서양화를 전공했고, 출판사 편집장을 지냈습니다.
어린이들이 좋아하는 책을 쓰고 그릴 때 가장 행복합니다.
그린 책으로는 《자연을 먹어요(전 4권)》《WHAT 왓? 자연과학편(전 10권)》 시리즈,
《책 읽는 도깨비》 등이 있으며, 쓰고 그린 책으로는 《돼지 학교(전 40권)》
《인체과학 그림책(전 5권)》《맛깔나는 책(전 7권)》《저학년 스팀 스쿨(전 5권)》
《명탐정 꼬치의 생태 과학(전 5권)》 시리즈 등이 있습니다.
소년한국일보 우수도서 일러스트상, 소년한국일보 출판부문 기획상,
중앙광고대상, 서울 일러스트상을 받았습니다.

냄새 나는 책 5 〈오줌〉

백명식 글·그림
1판 1쇄 발행 2016년 4월 29일 | 1판 2쇄 발행 2019년 10월 10일 | 펴낸이 정중모 | 펴낸곳 파랑새 | 등록 1988년 1월 21일(제406-2000-000202호)
주소 경기도 파주시 회동길 152 | 전화 031-955-0670 | 팩스 031-955-0661~2 | 홈페이지 www.bbchild.co.kr
전자우편 bbchild@yolimwon.com | ISBN 978-89-6155-673-6 77470, 978-89-6155-668-2(세트)

ⓒ백명식, 2016
· 책값은 뒤표지에 있습니다.
· 저작자와 출판사의 허락 없이 이 책의 일부 또는 전체를 인용하거나 발췌하는 것을 금합니다.

어린이제품안전특별법에 의한 제품 표시
제조자명 파랑새 | 제조년월 2019년 10월 | 제조국 대한민국 | 사용연령 7세 이상

냄새나는 책

오줌

백명식 글 · 그림

파랑새

차례

오줌은 어떻게 만들어질까? 8

오줌을 참으면 건강에 해로울까? 10

오줌은 어떻게 눌까? 12

오줌 색깔로 건강 상태를 알 수 있을까? 14

요강은 어디에 쓰는 물건일까? 16

오줌은 왜 냄새가 날까? 18

오줌으로 전기를 만들 수 있을까? 20

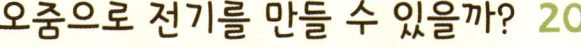

오줌을 싸면 왜 키를 쓰고 소금을 얻어 오게 할까? 22

우리가 마시는 물이 공룡의 오줌이라고? 24

오줌을 거름으로 쓸 수 있을까? 26

오줌으로 음료수와 비누를 만든다고? 28

동물들은 어떻게 자기 영역을 표시할까? 30

콩콩콩! 오줌 동화 텃밭에서 피어난 오줌과 오이의 우정 32

낱말풀이 40

발가락을 꼼지락꼼지락,
이마에 진땀이 송골송골.
으아, 아랫배가 터질 것 같아!

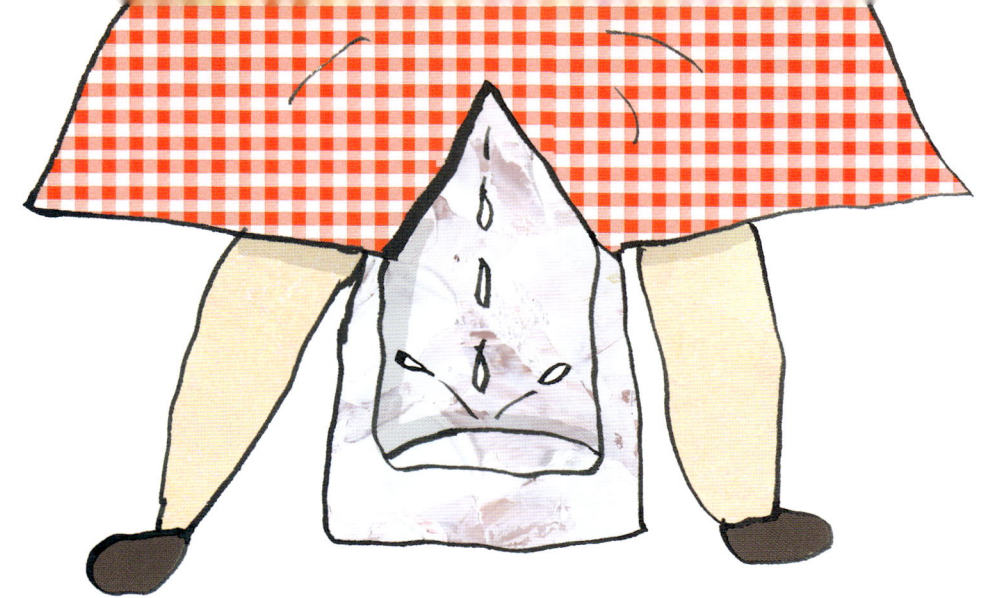

몸을 비비 틀며 화장실로 달려가
시원하게 쏴아!
아, 상쾌해!

오줌은 어떻게 만들어질까?

우리 몸에 들어온 영양소들은 혈액을 통해
콩팥(신장)으로 모여.
콩팥은 우리 몸에 필요 없는 찌꺼기와
해로운 물질을 골라 방광으로 내보내지.
방광은 오줌을 담아 두는 기관으로,
흔히 오줌보라고도 불러.
방광에 어느 정도 오줌이 모이면
우리는 오줌이 마렵다고 느끼게 돼.

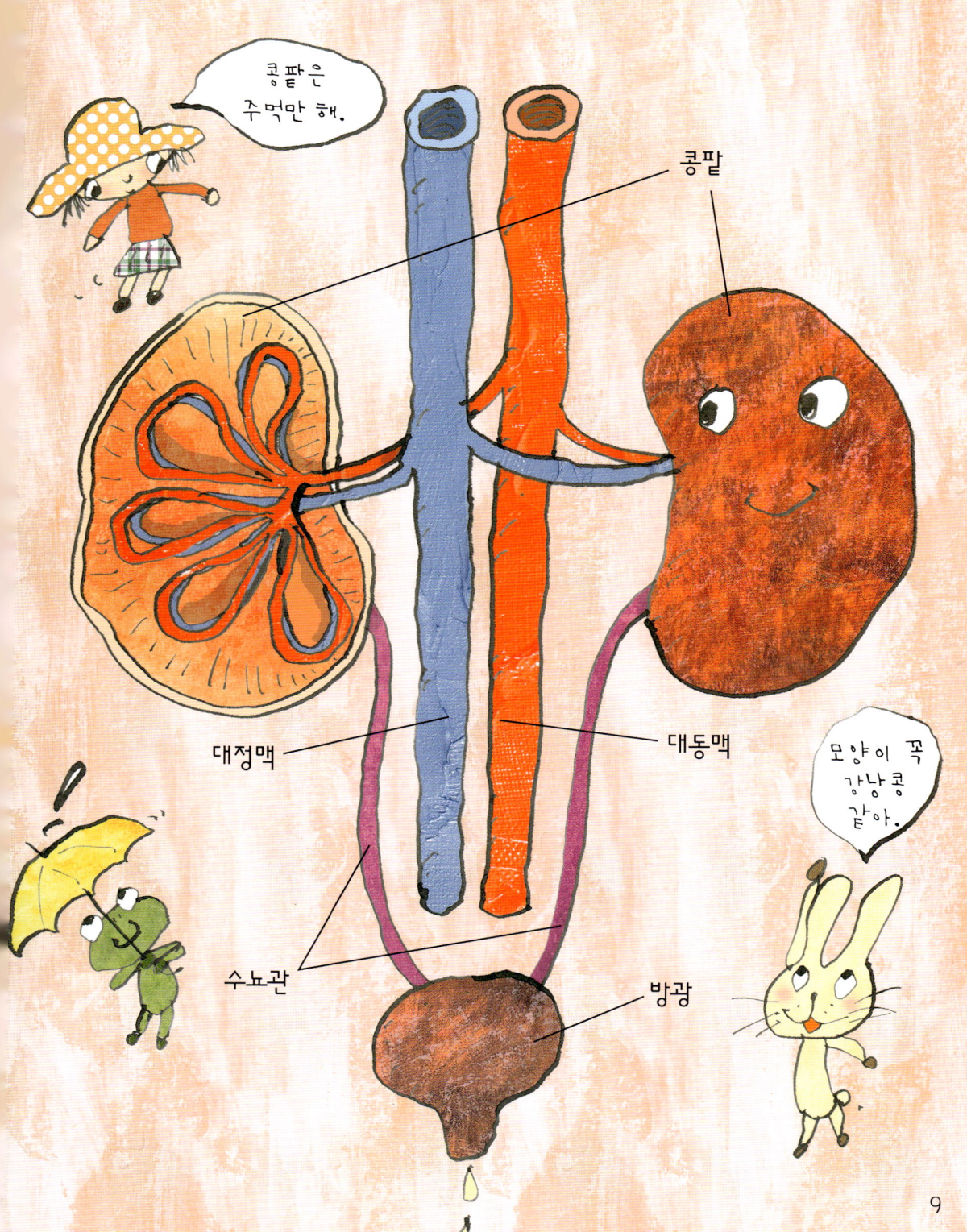

오줌을 참으면 건강에 해로울까?

오줌을 계속 참으면 오줌 속 세균들이 방광에 염증을 일으켜.
방광이 꽉 차서 더 이상 오줌을 담기 어려워지면
오줌이 거꾸로 콩팥으로 올라가 콩팥이 나빠지게 되지.
방광의 크기는 사람에 따라 다르지만 보통 어른의 경우
500~800밀리리터의 오줌을 담을 수 있다고 해.
몸집이 큰 고래나 코끼리는 방광의 크기도 어마어마하겠지?

오줌은 어떻게 눌까?

바리는 서서 오줌을 누고, 보리는 앉아서 오줌을 눠.
남자와 여자는 오줌 누는 기관의 생김새가 달라서
오줌 누는 자세와 방법도 서로 다르지.
재밌는 사실은 코끼리, 고양이, 개, 소 할 것 없이
몸무게가 3킬로그램이 넘는 포유동물들은
오줌 누는 시간이 모두 21초로 비슷하다고 해.

오줌 색깔로 건강 상태를 알 수 있을까?

건강한 사람의 오줌은 엷은 노란색을 띠어.

하지만 먹은 음식이나 건강 상태에 따라 색이 달라지기도 하지.

말하자면 오줌 색은 건강 상태를 알려 주는 신호라는 말씀!

오줌 색깔이 지나치게 노랗거나 붉거나 뿌옇다면

몸에 이상이 있을 수 있으니 잘 살펴봐야 해.

요강은 어디에 쓰는 물건일까?

옛날에는 화장실이 방에서 멀리 떨어져 있었어.
한밤중에 자다 깨서 화장실에 가는 일은 매우 귀찮은 일이었지.
그래서 놋쇠나 사기로 만든 '요강'을 사용했어.
요강은 남자용과 여자용이 따로 있기도 했고,
남자와 여자가 같이 쓸 수 있는 것도 있었어.

오줌은 왜 냄새가 날까?

오줌은 원래는 냄새가 나지 않아.
단백질의 소화 과정에서 '암모니아'란 독성 물질이 생기는데,
우리 몸은 이것을 독성이 적은 '요소'란 물질로 바꿔서
저장해 두었다가 오줌이나 땀으로 내보내.

요소가 몸 밖으로 나와 물을 만나면
다시 고약한 냄새가 나는 암모니아로 변하게 돼.
화장실에서 나는 오줌 냄새는 바로 이 암모니아 냄새지.

오줌으로 전기를 만들 수 있을까?

최근에는 오줌으로 전기 에너지를 만드는 기술이 개발됐어.
미생물이 오줌을 분해하는 원리를 이용한 '미생물 연료 전지'야.
오줌을 모아 둔 뒤 미생물을 넣어 주면
미생물이 오줌 속 유기물을 분해해.
이 과정에서 생기는 화학 에너지를
전기 에너지로 바꿀 수 있다는 말씀!

오줌을 싸면 왜 키를 쓰고 소금을 얻어 오게 할까?

옛날에는 아이가 이불에 오줌을 싸면 키를 덮어쓰게 하고
동네를 돌아다니며 소금을 얻어 오게 하는 풍습이 있었어.
여기에는 소금이 나쁜 기운을 없앤다는 믿음과
오줌으로 나간 염분을 보충한다는 의미가 담겼다고 해.
키는 곡식을 까불어 돌이나 쭉정이를 빼내고 알곡을 골라내는 도구야.
알곡만 골라내는 키처럼 좋은 음식만 많이 먹고 무럭무럭 자라서
앞으로는 오줌을 싸지 말라는 의미로 키를 쓰게 했다고 하지.

우리가 마시는 물이 공룡의 오줌이라고?

놀랍게도 지금 우리가 마시고 있는 물은
아주 오래전 살았던 공룡들의 오줌일 수도 있어!
수억 년 동안 지구에는 거의 같은 양의 물이 존재해 왔어.
물은 순환하기 때문에 오래전 공룡들이 마시고 배설한 오줌이
돌고 돌아서 지금 우리가 먹는 물이 되어 있다는 거지.
결국 우리는 공룡의 오줌을 마시고 있다는 이야기야.

오줌을 거름으로 쓸 수 있을까?

옛날에는 집집마다 마당 귀퉁이나 뒤뜰에
거름 더미가 쌓여 있었어.
사람들이 눈 오줌똥을 거름으로 쓰려고 모아 둔 거야.
그야말로 천연 비료인 셈이지.
오줌에는 식물에게 꼭 필요한 질소 성분이 있어서
식물을 파릇파릇 잘 자라게 해 줘.

오줌장군
나무로 만든 오줌 통

오줌으로 음료수와 비누를 만든다고?

인도에서는 소의 오줌으로 비누와 음료수를 만들어 써.
소의 오줌에 알로에나 아몬드유를 섞어 만든 비누는
손상된 피부를 회복시키는 효과가 있다고 해.
또 오줌에 들어 있는 알칼리 성분이 기름이나 단백질을 분해해서
때를 빼는 데 아주 탁월한 효과가 있다고 하지.
하지만 오줌으로 만든 음료수를 먹기가 쉽진 않겠지?

상태가 아주 좋군.

비누용

음료수용

인도에서는 소를 신처럼 여겨서 소 오줌이 더럽다고 생각하지 않아.

동물들은 어떻게 자기 영역을 표시할까?

많은 동물이 오줌으로 자기 영역을 표시해.
나중에 온 동물은 오줌의 냄새를 맡거나 맛을 보고서
그 동물의 몸집, 나이, 건강 상태까지 알 수 있다고 해.
그래서 작은 동물들은 사자가 들렀다 간 자리는
얼씬도 하지 않지.

여긴 내 구역!

동물들의 행동반경

호랑이 : 50~400km^2
표범 : 33~280km^2
스라소니 : 25~243km^2
늑대 : 111km^2
여우 : 5~12km^2
오소리 : 1.2km^2

안녕, 나는 오줌이야.

오준이의 오줌보에서 태어났지.

오준이네는 집 밖에 있는 오줌 항아리에 오줌을 눠.

오줌을 거름으로 쓰려고 항아리에 모으는 거야.

그날도 오준이는 한밤중에 오줌 항아리로 달려갔어.

그 덕에 난 세상 밖으로 나오게 되었어.

몇날 며칠을 좁은 오줌 항아리에서 지내니
얼마나 답답하고 심심했는지 몰라.

제일 참기 힘든 것은 고약한 냄새였지.

어느 무더운 여름날이었어.
오준이 아빠가 바가지에 나를 담아
텃밭으로 데려갔어.
"자, 여기 있는 오이, 호박, 풋고추가
무럭무럭 잘 자라게 해 주렴."
오준이 아빠는 조심스럽게 나를 밭에 뿌렸어.
넝쿨에 달린 귀여운 연두색 오이가 말했어.
"안녕? 만나서 반가워."
나도 정답게 인사했어.
"만나서 반가워."

오이, 상추, 고추, 토마토 들은
하루가 다르게 쑥쑥 자라서
아침, 점심마다 오준이네 밥상에 올랐어.

내 친구 오이는 멋지고 늠름하게 커 갔어.
시간은 빠르게 흘러 어느새 늙은 오이가 되었지.
어느 쌀쌀한 날 아침, 늙은 오이는 드디어
오준이네 밥상에 오르기 위해 내 곁을 떠났어.
오이가 떠나며 내게 말했어.
"오줌아, 그동안 고마웠어!"

낱말풀이

간 : 우리 몸의 해독과 면역 기능을 담당하는 기관이다. 몸에 해로운 물질을 분해해 오줌 등으로 내보내 건강을 유지할 수 있게 한다.

노폐물 : 우리 몸속으로 들어온 물질 중 영양분으로 쓰이고 남은 찌꺼기나 건강에 해가 되는 물질을 말한다.

단백질 : 3대 영양소 가운데 하나로, 세포와 근육을 이루는 물질이다. 세포 안에서 여러 가지 화학 작용을 돕는다. 육류, 생선, 우유, 달걀, 콩 등에 많이 들어 있다.

대동맥 : 심장에서 온몸으로 피를 내보내는 가장 큰 혈관이다.

대정맥 : 온몸을 돌고 온 혈액을 심장으로 보내는 가장 큰 혈관이다.

방광 : 오줌을 담아 두다가 밖으로 내보내는 주머니 모양의 몸속 기관이다.

배설 기관 : 몸속에서 생긴 노폐물을 오줌과 땀의 형태로 몸 밖으로 내보내는 일을 하는 기관이다. 오줌을 만드는 콩팥과 땀을 만드는 땀샘이 있다. 몸속에 생긴 노폐물을 몸 밖으로 내보냄으로써 몸속의 상태를 항상 일정하게 유지할 수 있게 해 준다.

수뇨관 : 콩팥에서 만들어진 오줌이 방광으로 이동하는 가늘고 긴 관이다.

쓸개 : 간 아래쪽에 붙어 있으며, 간에서 만들어진 쓸개즙을 저장하는 기관이다. 쓸개즙은 녹갈색 액체로 지방의 소화 작용을 돕는다.

암모니아 : 소화 과정에서 단백질을 분해하고 남은 찌꺼기로 이루어진 물질이다. 고약한 냄새가 나고 독성이 있어 사람의 몸속에 오랫동안 머물면 해롭다.

영양소 : 우리 몸을 구성하거나 우리가 살아가는 데 필요한 에너지를 내는 물질을 말한다. 가장 중요한 영양소를 3대 영양소라고 하며 3대 영양소로는 탄수화물, 단백질, 지방이 있다.

요도 : 방광에 모인 오줌을 몸 밖으로 내보내는 관으로, 방광의 끝에 연결되어 있다. '오줌길' 이라고도 한다.

요소 : 포유동물의 몸에서 단백질이 분해될 때 생기는 물질로, 주로 오줌으로 배출된다. 우리 몸은 독성이 강한 암모니아를 독성이 적은 요소로 바꾸어 배설 기관에 잠시 저장해 두었다 오줌으로 내보낸다.

지방 : 3대 영양소 가운데 하나로, 체온을 유지하는 데 중요한 역할을 한다. 육류, 깨, 잣, 땅콩 등에 많이 들어 있다.

콩팥(신장) : 혈액 속의 찌꺼기를 걸러 내어 오줌으로 내보내는 몸속 기관이다. 주먹만 한 크기의 강낭콩 모양으로, 배의 등 쪽에 쌍으로 있다.

탄수화물 : 3대 영양소 가운데 하나로, 에너지를 내는 물질이다. 곡류, 빵, 과자 등에 많이 들어 있다.